DreamWorks

Les Trolls 2
Tournée mondiale

Le roman du film

Adaptation : Vanessa Rubio.
Création graphique du roman : Le chalet graphique.
Hachette Livre, 58, rue Jean-Bleuzen, 92178 Vanves Cedex.

DreamWorks

Les Trolls 2
Tournée mondiale

Le roman du film

hachette
JEUNESSE

POPPY

Elle est la nouvelle reine de Trollsville, et tous les habitants l'adorent ! Joyeuse, courageuse et aimante, elle fait toujours passer ses amis en priorité. Le seul défaut de Poppy, c'est qu'elle a du mal à imaginer qu'on puisse ne pas être gentil !

BRANCHE

Meilleur ami de Poppy, il la suit dans toutes ses aventures ! Beaucoup plus prudent et suspicieux, il essaie d'aider Poppy à ne pas se fier à n'importe qui et à réfléchir avant d'agir. À eux deux, ils forment un sacré duo !

BIGGIE ET MISTER DINKLES

Biggie est le Troll le plus adorable ! Il est très grand et se balade en permanence avec son ver, Mister Dinkles, qu'il s'amuse régulièrement à déguiser ou à mettre en scène. Tous les deux sont inséparables.

COOPER

Seul Troll à quatre pattes de Trollsville, Cooper se pose des questions sur ses origines... Il est très ami avec Poppy et les autres et il est très débrouillard.

HICKORY

Ce Troll originaire de Mornebourg, lieu de vie des Trolls Country, se prend d'amitié pour Poppy, Branche et Biggie. Malgré leurs différences, il aide ses nouveaux amis Trolls dans leur aventure !

BARB

Cette terrible Troll Rockeuse a un rêve : transformer tous les Trolls du monde en Trolls Rockeurs ! Et pour ça, elle a un plan. Un plan terrible... Qui réussira à l'empêcher de finir sa tournée mondiale ?

La menace Barb

Il était une fois deux Trolls qui avaient sauvé le monde : Poppy et Branche. Poppy était devenue reine, Branche avait trouvé sa vraie couleur, et ils étaient tous les deux les meilleurs amis du monde.

Mais ce qu'ils ignoraient, c'est que leur monde était beaucoup plus vaste qu'ils ne le croyaient. Beaucoup, beaucoup plus vaste.

Par exemple, ils ignoraient que, tout au fond de l'océan, les Techno Trolls remuaient leurs scintillantes queues de sirènes en rythme : BOUM-BA ! BOUM-BA !

Tous les soirs, c'était soirée techno dans leur royaume sous-marin.

C'est justement là-bas que commence notre histoire… Et à vrai dire, elle commence mal.

Très mal.

Avec son gros casque sur les oreilles, King Trollex anime la soirée depuis ses royales platines de DJ. Ses cheveux vert fluo ondulent dans l'eau tandis qu'il chante :

– *One more time !*

Toute une famille de Techno Trolls danse devant lui, même le bébé. On voit son petit cœur clignoter au rythme de la musique, à travers sa peau translucide. Et il n'est pas le seul : les cœurs de tous les Techno Trolls battent à l'unisson.

King Trollex lève ses bras multicolores dans les airs.

– Ce soir, nous sommes tous réunis par l'amour de la musique. Alors… je veux tous vous voir sauter ! Un, deux, trois, quatre !

Les Techno Trolls se mettent à bondir par groupes de couleur, créant des vagues arc-en-ciel dans leur ville sous-marine.

– Plus vite, plus fort ! les encourage leur roi. *One more tiiiime !*

Le rythme s'accélère, la tension monte. Les Trolls sont ravis, ils se donnent à fond. Mais soudain, King Trollex repère une silhouette sombre qui approche. Ça n'a pas l'air très cool.

Le roi baisse le volume.

Les Trolls lèvent le nez, déçus.

– Ne vous inquiétez pas, les rassure-t-il. La fête reprend dans une minute. J'ai juste un petit truc à régler.

Il se retourne alors vers la créature en forme de poisson : toute noire, hérissée de piquants, avec un unique œil rouge, elle est faite de morceaux de cuir noir et de jean, reliés par de gros Zips.

La fermeture Éclair qui lui sert de gueule s'ouvre en grinçant et sa pilote en sort, vêtue de

cuir noir, ses cheveux rouges dressés en crête sur sa tête. Elle a deux boucles d'oreille à droite, une à gauche et un bracelet de cuir clouté au poignet.

– Hé, mec ! fait-elle en fixant le roi de ses yeux tout maquillés de noir. T'es bien King Trollex, le roi des Techno Trolls ?

Le roi lève les yeux, surpris que cette inconnue connaisse son nom. Que lui veut-elle ?

– Oui, c'est moi, confirme-t-il. Qui es-tu ?

– La reine Barb, des Trolls Rockeurs. Tu n'as pas reçu mon invitation ?

Le roi hausse les épaules.

– On n'a pas trop le temps de lire le courrier, ici.

– *No souci*, répond la reine Barb. C'était juste pour te dire que j'organise la plus grosse teuf du monde et... je vais avoir besoin de ta corde, mec.

King Trollex fronce les sourcils.

– Pas question. On en a besoin pour faire notre musique.

La reine Barb sourit, mais ça ne lui donne pas l'air sympa pour autant. Elle est même encore plus terrifiante !

– Oh, tu veux parler de vos *biiip-biiiip-bloup*, fait-elle d'un ton moqueur en imitant la techno. Ce n'est pas de la musique, ça. Je vais vous faire écouter de la vraie musique !

Elle se retourne et crie :

– Les Rockeurs !

D'autres Trolls aux yeux rouges apparaissent alors autour de la reine. King Trollex n'a pas du tout l'air rassuré…

Barb sort sa guitare électrique et joue un accord à transpercer les tympans. *TZZZIIIING !*

Sous son bonnet en laine, le batteur, Riff, se démène comme un fou : il tape sur sa batterie avec ses baguettes… et même avec sa tête ! *BOUM !*

Les Rockeurs jouent à plein volume. Le courant sous-marin créé par leur musique force King Trollex et les Techno Trolls à reculer.

– OK, OK, ça suffit ! supplie le roi en se bouchant les oreilles. Vous avez gâché notre super son techno !

Barb lui adresse son sourire machiavélique.

– Quand j'aurai fini ma super tournée mondiale, nous aurons tous le même son. Il n'y aura plus qu'une seule famille de Trolls : les Rockeurs ! Alors… prêts à ROCKER ?

2
Le soleil brille sur Trollsville !

Le lendemain matin, au cœur du lointain village Pop, la reine Poppy se réveille sous sa couette toute douce. Elle saute du lit, impatiente de commencer cette nouvelle journée ! D'abord, elle fait sa toilette (rien de tel qu'une douche de paillettes pour se sentir super fraîche et scintillante !), puis elle se brosse les dents avec une sucette (une méthode parfaite pour les Trolls, mais pas recommandée pour les humains). Des lucioles lui enfilent ensuite sa

robe bleue préférée, et Poppy danse devant le miroir en se coiffant avant de déposer délicatement sa couronne sur sa tête.

Toujours en chantonnant, elle sort de sa cabane. Tous les Trolls du village sont réunis sur la place pour leur danse du matin ! La reine Poppy les rejoint en entonnant l'hymne des Trolls Pop : *FUN FUN FUN !*

Sauf que, en réalité, tous les Trolls ne sont pas présents. Branche est toujours dans son bunker souterrain. Il soupire en fixant un portrait de Poppy : il aurait aimé lui avouer ses sentiments – il l'aime beaucoup beaucoup BEAUCOUP –, mais il n'ose pas. Peut-être que la danse du matin l'aidera à trouver le courage ? Il décide de sortir de son trou pour rejoindre les autres.

Il rebondit sur une fleur comme sur un trampoline. *BOING !* Avec ses cheveux, il attrape une tyrolienne et glisse jusqu'à la place du village pour se laisser tomber juste à côté de Poppy. Elle lui sourit et, ensemble, ils reprennent le refrain de la chanson du matin.

Mais soudain une voix retentit :

– Poppy, viens vite ! Au secours !

Branche et la reine se ruent immédiatement dans la clairière où ils trouvent Guy Diamant, le Troll le plus étincelant du village, assis sur un champignon violet, l'air paniqué.

– Que se passe-t-il ? s'inquiète Poppy.

– Je vais avoir un… BÉBÉ ! annonce Diamant.

Aussitôt, Satin et Chenille, les jumelles Trolls reliées par leurs cheveux arc-en-ciel, se mettent à tricoter des tenues pour le nouveau venu.

POP ! Un œuf jaillit des cheveux argentés de Guy. Il s'ouvre dans les airs, et un minuscule Troll scintillant en sort. Il est trop mignon ! Tout argenté avec un nez vert, il est déjà en train de sucer son pouce.

– Comment vais-je l'appeler ? se demande Guy Diamant, ravi.

– Mmm, réfléchit Poppy. Que dirais-tu de… Petit Diamant ?

Le bébé Troll se lève aussitôt pour mettre de grosses lunettes de soleil à verres jaunes… et surprend les Trolls en se mettant à rapper d'une voix grave. Il est très doué pour un si petit Troll !

– Bienvenue dans la famille, Petit Diamant ! le félicite Poppy.

– Merci, tante Poppy ! répond-il de sa voix grave. Et merci à mon papa aux cheveux d'argent de m'avoir mis au monde.

– Ja-aa-mais je n'aurais cru-u-u pouvoir être aussi-hi-hi heureu-eu-eux, affirme Guy Diamant de sa voix auto-tunée.

Comme il s'éloigne avec son fils sur l'épaule pour le montrer à tout le village, Poppy et Branche se retrouvent seuls. Branche se dit que c'est l'occasion ou jamais de faire sa déclaration…

Il prend une profonde inspiration :

– Poppy, je voulais te demander… Enfin non, plutôt, je voulais te dire…

– Mmm ? acquiesce Poppy en passant de fleur en fleur avec son arrosoir à paillettes.

– Mais surtout, ne te sens pas obligée de répondre si tu n'as pas envie…

« Oh non, pense-t-il. Je m'embrouille complètement. »

– Bien sûr. Qu'est-ce qu'il y a ?

– Je… je… je… voulais te dire… que…

Non, il ne peut pas lui avouer ses sentiments. Et si elle le repousse ? Et si elle lui rit au nez ? Il ne le supporterait pas…

Poppy le regarde en souriant. Elle attend la suite.

Branche soupire. Maintenant, il est obligé de lui dire quelque chose. Il se contente donc d'un compliment basique :

– Tu es vraiment une super reine.

– Oh ! Merci, Branche ! C'est ce qui compte le plus au monde pour moi. Ça, et être ton amie, bien sûr.

Le mot « amie » résonne dans les oreilles de Branche. Il laisse échapper un gémissement dépité. Mais son cri est couvert par un hurlement :

– AAAAAAHHHH !

3

Une mystérieuse invitation

Poppy et Branche se regardent, stupéfaits. C'était quoi, ça ? Poppy laisse tomber son arrosoir et se rue en direction du cri. Branche lui emboîte le pas et, bientôt, ils aperçoivent Biggie, qui court en tous sens. Une espèce de chauve-souris poilue volète autour de sa tête… Elle a les ailes noires, de grands yeux rouges, de longues dents et deux pattes violettes. Et surtout : elle tient un parchemin dans sa gueule.

– Au secours ! hurle Biggie. Je suis poursuivi par un monstre !

Il a beau se débattre, la créature ne le lâche pas. Finalement, le Troll se roule en boule, mais elle continue à lui flanquer des coups d'ailes sur la tête…

– Aidez-moi ! supplie Biggie.

Poppy attrape la chauve-souris au lasso avec ses cheveux.

– Et voilà ! s'écrie-t-elle triomphalement.

Puis elle se met à hurler :

– Aaah non ! Elle est dans mes cheveux, maintenant !

Avec un cri de bataille féroce, Branche se jette sur Poppy. Il lui arrache la chauve-souris des cheveux et la plaque au sol. Puis il la caresse délicatement pour la calmer.

– Chut, chut, doucement. Ça va aller…

La chauve-souris cesse de battre des ailes. Elle ferme ses gros yeux rouges et se met à ronronner.

Les autres Trolls s'approchent prudemment.

– Qu'est-ce que c'est que cette bestiole ? demande Guibole.

– C'est horrifiant ! gémit Cooper.

– C'est terrifiant ! s'écrient en chœur Satin et Chenille.

– … et ef-frayyyy-yant ! ajoute Guy Diamant de sa voix électronique.

– Ça fait trop p-p-peur, rappe Petit Diamant de sa voix grave.

Poppy se penche pour ramasser le parchemin que la chauve-souris a lâché. Il y a son nom dessus ! Elle le déroule et lit à haute voix :

– « Barb, la reine du rock, vous invite à sa tournée mondiale : Rock les Trolls ! Apportez votre corde à la plus grande teuf du monde ! »

Poppy relève les yeux, perplexe.

– La reine du rock ? Comment ça ?

– Et pourquoi elle veut notre corde ? s'étonne Cooper.

– Elle veut peut-être s'en servir comme ruban pour les cadeaux ? suggère Biggie.

Tous les Trolls se réjouissent d'être invités à une fête avec des cadeaux lorsque, brusquement, King Peppy fend la foule en agitant sa canne. L'air furieux, il arrache l'invitation des mains de sa fille.

– Ce n'est rien. De la pub ! grommelle-t-il. Bon pour la poubelle ! Oubliez ce que vous avez lu. N'importe quoi !

Il la roule en boule et la fourre dans sa bouche pour l'avaler. À nouveau, Branche lance son cri de bataille et plaque King Peppy au sol. Puis il se met à lui masser les yeux en murmurant d'une vois apaisante :

– Chut, chut, ça va aller, calmez-vous.

Bientôt, King Peppy se met à ronronner, puis il déclare :

– C'est bon, je suis calme.

Poppy s'agenouille auprès de son père pour demander :

– Qu'est-ce qui te prend, papa ?

L'ancien roi n'a aucune envie de révéler à sa fille le secret qu'il garde depuis si longtemps, mais il n'a pas le choix… Il soupire.

– J'espérais pouvoir te protéger de tout ça, Poppy.

Elle plisse le nez, perplexe, et un tantinet agacée.

– Me protéger ? Mais je ne suis plus une petite fille, papa ! Je suis la reine, désormais !

– Oui, tu as raison, acquiesce King Peppy. Voilà… Il faut que tu saches qu'en réalité, nous ne sommes pas seuls au monde. Il existe d'autres sortes de Trolls.

– Waouh ! Génial ! s'enthousiasme Poppy. Plus on est de Trolls, plus on rit !

Son père secoue la tête, l'air grave.

– Non, tu ne comprends pas. Ces autres Trolls ne sont pas comme nous. Ils sont… différents.

– Différents ? Comment ça ? On a tous nos différences : Guibole a ses jambes élastiques, Cooper a quatre pattes, Fuzzbert est tout poilu…

— Non… ils sont *vraiment* différents.

4 La légende des Trolls

King Peppy se met à faire les cent pas.

– Ces autres Trolls ne sont pas du tout comme nous. Nous, on aime les chansons avec un refrain à fredonner. Une mélodie pleine d'entrain. Un rythme entraînant qui donne envie de claquer des doigts, de taper du pied et de remuer son popotin. Pas vrai ?

Les Trolls hochent la tête.

– C'est de la musique pop, leur explique King Peppy. Notre musique. Celle qui fait de nous des Trolls Pop. Alors que ces autres Trolls aiment une musique… différente

Les autres n'en reviennent pas. Ils n'avaient jamais entendu ce terme de « Trolls Pop » ! Ils pensaient être des Trolls tout court, les seuls Trolls au monde !

L'ancien roi se tourne vers sa fille et ses amis.

– Venez, je voudrais vous montrer quelque chose.

King Peppy les conduit jusqu'à une magnifique grotte au milieu de plantes et de cascades chatoyantes. Au centre, sur un piédestal en pierre, repose un très vieux parchemin.

– C'est une histoire qui remonte aux temps immémoriaux, déclare-t-il en le déroulant.

Les Trolls s'approchent pour admirer les magnifiques illustrations.

– Au commencement était le silence… entame King Peppy.

Il leur montre alors le portrait de six Trolls très différents.

– Il n'y avait ni chant ni danse.

Dans une illustration, un Troll soupire d'ennui.

King Peppy déroule le parchemin.

– Jusqu'au jour où quelqu'un produisit un son.

Dans le dessin suivant, un Troll arrache un cheveu du crâne de son voisin. *TZING !*

– Nos ancêtres furent tellement inspirés par ce son qu'ils prirent six cordes, continue King Peppy.

On voit sur le parchemin un Troll arrachant un cheveu de la tête de chacun des six types de Trolls.

– Ces six cordes avaient le pouvoir de contrôler toute la musique. Elles pouvaient jouer n'importe quel style : techno, funk, classique, country, rock et pop… Et tous les autres ! Chacun y trouvait son compte et c'était le bonheur !

L'illustration montre des Trolls en train de danser au son d'une sorte de lyre à six cordes.

– Mais petit à petit, les Trolls devinrent intolérants. Chacun voulait écouter seulement sa musique préférée. Ils se disputaient pour avoir l'instrument et jouer leur style de musique. Les chefs des Trolls tinrent donc conseil.

Il leur montre l'image de six Trolls réunis autour d'une grande table.

– Les anciens comprirent qu'il n'y avait qu'une seule solution : se séparer, déclare King Peppy. Chaque tribu prendrait une corde et partirait vivre de son côté.

À la fin du parchemin, une carte indique où vivent les six tribus de Trolls.

— Techno, country, rock, classique, funk, et nous… les Trolls Pop.

Les Trolls demeurent un instant silencieux, stupéfaits par ces révélations sur leurs origines.

– Maintenant, je comprends mieux le projet de Barb, lance Poppy en souriant. Elle veut réunir les cordes afin que le monde des Trolls puisse être à nouveau une grande fête.

Branche n'est pas convaincu.

– Tu crois ça, toi ? s'étonne-t-il. Une grande fête ?

– Oui, un monde où tous les Trolls vivent ensemble en harmonie ! affirme-t-elle.

– Moi, je crains plutôt le chaos, objecte Branche. Toutes les cordes réunies… Ce sera la zizanie !

King Peppy acquiesce.

– Exactement, Branche, dit le roi. Voilà pourquoi nous devons protéger notre corde à tout prix.

5

Parés pour l'aventure !

– Mais justement… Où est notre corde ? demande Poppy.

Son père tourne alors un cadran caché, et la cascade qui se trouve derrière lui s'écarte, révélant un instrument de musique muni d'une seule et unique corde rose scintillante.

– Voici la corde de la musique pop, annonce King Peppy.

Lorsqu'il la pince, elle produit un son magnifique et envoie un cœur scintillant dans les airs.

– Ooooh, souffle toute la petite bande, impressionnée.

– Waouh ! s'exclame Poppy. C'est magnifique !

– Et puissant, complète King Peppy. Elle ne doit donc pas tomber entre de mauvaises mains.

Très déterminé, Branche décrète :

– Et ça n'arrivera pas. Pas sous ma garde. Mais il nous faut un plan !

– Ne vous inquiétez pas, dit King Peppy. Je me suis préparé à ça depuis des années.

– D'accord, dit Branche. Alors qu'est-ce qu'on fait ?

King Peppy déglutit bruyamment.

– ON FILE !

Et il détale aussi vite que ses petites jambes le lui permettent.

Poppy ne comprend pas.

– Mais…

– ON FILE SE CACHER ! précise son père par-dessus son épaule.

Il court drôlement vite pour un vieux Troll !

– Ça marche ! confirme Branche.

Déjà en tenue de camouflage, il se barbouille le visage de lignes sombres et rejoint King Peppy.

– Mais on ne sait même pas ce qu'on fuit ! proteste Poppy.

Son père et Branche se figent et font demi-tour.

– La reine Barb, tiens ! explique King Peppy.

– Mais enfin, tu ne la connais même pas ! s'énerve sa fille.

– Tu n'écoutes jamais rien ! s'emporte-t-il.

– Non, c'est toi qui n'écoutes jamais rien ! réplique Poppy.

– Je suis ton père ! rugit-il.

– Et moi, je suis la reine ! riposte Poppy.

– Le père l'emporte sur la reine ! affirme King Peppy. Et ce n'est pas le moment de discuter ! Allons-y. Viens, Branche.

Branche hésite. Le plan « Fuir pour se cacher » lui plaisait beaucoup, mais il ne veut pas contrarier Poppy.

Celle-ci croise les bras et affirme :

– Nous sommes tous des Trolls malgré nos différences.

Plus tard dans la journée, Poppy noue un ruban rose au cou de l'espèce de chauve-souris de la reine Barb et la couvre de paillettes.

– Regarde comme tu es mignonne ! s'exclame-t-elle.

Elle lui accroche un message à la patte.

– Barb va adorer ton nouveau look. Dis-lui que j'ai hâte de l'aider à organiser la plus grande fête du monde.

Elle sursaute lorsque Branche arrive derrière elle.

– Poppy… Qu'est-ce que tu fais ? lui demande-t-il en remarquant qu'elle a mis une cape.

– Rien, rien, fait-elle d'un ton innocent, sachant que Branche désapprouverait son plan.

En réalité, Sheila B., sa grande montgolfière à fleurs roses, l'attend pour l'emmener en mission secrète.

Mais Branche a deviné ses intentions.

– Tu veux filer en douce pour voir la reine Barb ? Pactiser avec l'ennemi ?

– Ce n'est pas notre ennemie, réplique Poppy. C'est une reine, comme moi !

Elle lâche la chauve-souris qui décolle, emportant avec elle son message.

– Ton père dit qu'elle est dangereuse, lui rappelle Branche.

– Eh bien mon père ne sait pas tout.

– Il est tout de même plus au courant que toi ! Jusqu'à aujourd'hui, tu ignorais même l'existence de la corde !

Poppy se dirige vers la montgolfière avec ses provisions – un panier plein de friandises.

– Peut-être veut-il vivre isolé du reste du monde… Mais pas moi.

– Mais enfin, Poppy ! Nous ne savons rien de ces autres Trolls ! objecte Branche.

Tout occupés à se disputer, Poppy et Branche ne remarquent pas la présence de Cooper.

Celui-ci se baisse derrière un buisson pour écouter leur conversation.

– Nous savons que ce sont des Trolls, se contente de répondre Poppy. Branche, regarde autour de toi… Tout le monde est différent ! Même nous !

Elle commence à détacher les amarres de sa montgolfière.

– Je ne peux pas rester assise là maintenant que je sais que le monde est rempli de tas de Trolls différents. Je dois les connaître, c'est mon devoir de reine.

En entendant cela, Cooper a une révélation. Avec ses quatre grandes pattes, il ne ressemble à aucun des Trolls Pop… Alors s'il existe des Trolls différents, peut-être que…

– C'est un très mauvais plan, qui va probablement très mal tourner, prédit Branche.

Poppy coupe la dernière corde et la montgolfière à fleurs décolle lentement du sol.

– D'accord. Au revoir ! lance Poppy depuis la nacelle.

Voyant que tous ses beaux discours ne la feront pas changer d'avis, Branche s'écrie :

– Attends !

Il s'agrippe à une branche d'arbre avec ses cheveux, fait une pirouette dans les airs et atterrit dans la nacelle de Sheila B.

– Je viens avec toi.

– Oh, merci ! soupire Poppy, soulagée. Je n'avais pas vraiment envie d'y aller seule.

– Alors, en route ! s'écrie Sheila B. avec entrain. Enfin, je veux dire… en vol ! Dans le ciel, quoi !

6

Un plan machiavélique

Une fois que la montgolfière à fleurs a décollé, Poppy et Branche à bord, Cooper sort de sa cachette. Il vérifie que personne ne l'a vu, puis il retourne dans la grotte où King Peppy leur a expliqué l'histoire des cordes musicales. Il déroule le vieux parchemin sur son piédestal à la recherche d'une illustration montrant le conseil des Anciens Trolls.

L'un d'eux lui ressemble comme deux gouttes d'eau ! Cooper en a le souffle coupé.

– Ils sont tous différents, mais celui-ci me ressemble… Je dois parcourir le vaste monde pour voir s'il y a d'autres Trolls comme moi !

Il file prendre ses affaires et se met en route.

Pendant ce temps, la reine Barb et ses rockeurs ont refait surface, laissant derrière eux le monde sous-marin des Techno Trolls. À bord de leurs engins en forme de poisson, ils regagnent le Barbacuda, leur bus de tournée.

– Ouais ! s'écrie triomphalement la reine en brandissant la corde bleue des Techno Trolls dans son poing. Qui aurait cru que prendre le contrôle du monde serait si facile ?

Les Trolls Rockeurs l'applaudissent. Ils apportent à leur reine une monstrueuse guitare ornée d'un crâne. Barb y fixe la corde techno, qui devient rouge, comme la corde du rock, juste à côté.

Barb sourit en admirant son travail.

– Plus que quatre cordes pour unir le monde !

Un vieux Troll Rockeur s'approche en fauteuil roulant. C'est le père de Barb, King Trash, et il a des cheveux noirs et gris dressés sur la tête, comme si des années d'écoute de rock à plein volume l'avaient décoiffé pour toujours.

– Ah, te voilà, papa ! s'écrie Barb. Regarde ! J'ai la corde techno !

Elle brandit fièrement la guitare avec la nouvelle corde rougeoyante. Le vieux roi marmonne quelques mots inintelligibles.

– Tu as oublié notre plan ? s'étonne-t-elle.

Elle se tourne vers les autres rockeurs du bus.

– Approchez ! On va revoir le plan à nouveau !

Quatre Trolls Rockeurs s'alignent devant elle. En passant devant le premier, elle commence :

– OK, on part en tournée mondiale…

Le premier Troll se retourne, montrant le dos de son blouson orné d'une photo de Barb en tournée.

– … et à chaque arrêt, poursuit-elle, on obtient une nouvelle corde !

Le deuxième Troll se retourne. Au dos de son blouson, une carte montre les six royaumes Trolls.

– Quand j'aurai les six cordes…

Le troisième Troll se retourne. Dans son dos, on voit Barb sur scène, dans une immense salle de concert, les six cordes à la main.

– … je jouerai l'accord de puissance ultime…

Le quatrième Troll se retourne. Au dos de son blouson, Barb soulève sa guitare, maintenant équipée des six cordes.

– Je vais unir les Trolls autour d'une même musique. *Notre* musique !

King Trash lève le poing. En gémissant, il essaie péniblement de lever deux doigts pour faire le signe du rock… en vain !

– Riff, aide-le, mec, ordonne Barb.

– Oui, votre majestrock, dit le batteur.

Il aide le roi à déplier l'index et le petit doigt.

– Ah, voilà.

– Ça va rocker ! grogne le vieux roi sous les applaudissements des Trolls Rockeurs.

7

Symphonieville

Tandis que la montgolfière s'élève entre les nuages cotonneux, survolant les collines en fleurs, Poppy sourit. Quel monde merveilleux ! Mais Branche n'admire pas le paysage. Il ouvre un épais manuel.

– Bien ! En seulement quatre cent cinquante-six pages, on va apprendre à piloter cette chose.

Mais Poppy le lui prend des mains et le lance par-dessus bord.

– Oh, Branche, pas besoin de ce gros livre ! Ça ne doit pas être bien difficile…

Elle appuie au hasard sur un bouton du tableau de bord. *SWISH !* Le ballon file à travers ciel à toute vitesse en faisant des loopings.

– Euh, Poppy, mollo sur les boutons… la prévient Sheila B.

– Désolée.

Un ronflement sonore retentit alors.

– Qu'est-ce que c'est que ça ? s'étonne Branche.

Poppy n'a pas ronflé. Sheila n'a pas ronflé. Et Branche sait qu'il n'a pas ronflé.

Poppy se penche et soulève une bâche, découvrant Biggie et Mister Dinkles, endormis.

Le grand Troll bleu se réveille en sursaut.

– Oh, bonjour, fait-il d'un air penaud. Je n'ai pas pu résister… Poppy a emporté plein de friandises à offrir à la reine Barb. Et vous me connaissez…

Biggie se lève avec Mister Dinkles collé au ventre. Il essaie de détacher son animal de compagnie, qui reste accroché à sa main poisseuse et rose.

Poppy s'approche de ses réserves.

– J'espère que tu n'as pas mangé toute la barbe à papa… C'est pour la reine Barb.

Elle commence à soulever le couvercle d'un panier, mais Branche s'empresse de le refermer. Poppy se rend alors compte qu'elle n'a jamais vu ce panier auparavant.

– Hum, toussote-t-elle. Branchounet, qu'est-ce que c'est que ça ?

– Oh, rien, Poppinette, lui répond-il, un peu gêné. Juste, hum… mon équipement.

– Fais voir ! dit-elle en soulevant le couvercle.

Le panier est rempli de cailloux et de bâtons aiguisés.

– Des armes ? fait-elle, déçue. Mais la violence ne résout rien, Branche !

– Je n'ai pas dit qu'on allait les utiliser. Simplement il vaut mieux être préparé, au cas où…

– On n'en aura pas besoin, à moins que ces bâtons pointus ne vous aident à écouter, réplique Poppy. Ou que ces cailloux nous aident à nous mettre à la place des autres !

Puis avant que Branche ne puisse l'arrêter, Poppy jette le panier d'armes par-dessus bord.

– Les seules armes dont nous avons besoin, ce sont ces deux-là.

Elle fait saillir ses biceps en prenant une mine féroce. Puis elle sourit et ouvre grand les bras.

– Pour les câlins !

– Poppy, fait Biggie d'une voix inquiète. Viens voir.

Poppy et Branche regardent en contrebas et aperçoivent les ruines fumantes d'un autre village Troll.

– Il va falloir beaucoup de câlins, déclare Branche.

La montgolfière se pose et les trois Trolls en sortent pour explorer les environs. Tous les bâtiments du village sont en forme d'instruments de musique… mais d'instruments de musique sauvagement détruits.

– Waouh, il y a eu du grabuge ici… constate Branche.

– Bonjour ? fait une voix aiguë et apeurée.

Ils regardent autour d'eux mais ne voient rien.

– Qui a parlé ? demanda Branche.

– Vous êtes gentils ou méchants ?

– Nous sommes gentils, promet Poppy à leur interlocuteur invisible. Très très gentils.

– Ouais… gentils, mais pas trop, faut pas nous chercher non plus ! tempère Branche.

Il ne fait confiance à personne, et surtout pas à une créature qu'il ne voit pas.

– D'accord, fait la petite voix, hésitante. Je m'appelle Pennypipeau.

Une jolie flûte dorée sort de l'ombre, toute tremblante.

– Où sommes-nous ? lui demande Poppy tout doucement pour ne pas l'effrayer.

– À Symphonieville. C'est là que vivaient les Trolls Classiques, explique-t-elle. Enfin, avant…

– Et que s'est-il passé ?

– Nous vivions tous en parfaite harmonie, suivant notre chef, Trollzart, où qu'il nous conduise, dit Pennypipeau.

Elle sourit en se remémorant le petit Troll Classique avec ses cheveux blancs bouclés agitant sa baguette de chef d'orchestre et la merveilleuse musique qu'ils jouaient tous ensemble. Mais son visage s'assombrit.

– Et puis la reine Barb a débarqué avec son armée de Trolls Rockeurs pour nous prendre notre corde !

– La reine Barb ? s'étonne Poppy.

Pennypipeau acquiesce.

– Trollzart a refusé. Il nous a fait jouer une attaque symphonique. Mais la reine Barb a répliqué avec un accord de guitare électrique monstrueux ! Notre chef s'est écroulé, laissant tomber sa baguette. La reine Barb l'a ramassée, l'a cassée en deux et en a sorti notre corde.

Elle secoue la tête, submergée par ces tristes souvenirs. Puis elle prend une profonde inspiration et déclare :

– Elle a pris notre corde, notre musique. Elle a emmené tout le monde… Nous avons tout perdu.

– Barb ne veut pas tous nous réunir, comprend alors Poppy. Elle veut nous détruire !

– Il faut s'assurer que notre corde est en sécurité, panique Branche.

– Elle est dans un endroit on-ne-peut-plus sûr, affirme Poppy en tirant sur la corde rose cachée au milieu de ses cheveux.

Cela fait un joli son.

Branche n'en revient pas :

– Quoi ? crie-t-il. Poppy, tu es devenue folle ?

Elle a l'air un peu gênée.

– Ça me semblait une bonne idée, sur le coup. Je n'aurais jamais imaginé qu'une autre reine puisse utiliser son pouvoir pour faire le mal…

– D'accord, changement de plan, décrète Branche en se dirigeant vers la montgolfière. On rentre à la maison le plus vite possible pour s'enfermer dans le bunker.

Poppy l'arrête.

– Euh, non. Changement de plan : on doit empêcher Barb de détruire toute la musique.

8

La promesse de petit doigt

Branche dévisage Poppy, incrédule.

– Tu pourrais regarder la réalité en face, pour une fois ?

– Mais c'est la triste réalité : si je n'arrête pas Barb, qui le fera ?

Il secoue la tête. Vu ce que les Trolls Rockeurs ont fait à Symphonieville avec leurs accords de rock assourdissants, il craint qu'ils causent de gros dégâts dans leur village. Il veut rentrer s'assurer que leurs amis sont en sécurité…

– Poppy, fait Biggie en prenant la parole pour la première fois depuis leur arrivée. Tu as dit qu'on pourrait peut-être régler le problème avec des câlins, mais là, je ne vois pas trop comment on va faire…

Poppy lui pose la main sur le bras.

– C'est bon, Biggie, le rassure-t-elle. C'est normal d'avoir peur.

Il secoue la tête en soupirant :

– Dire que je me retrouve là à cause de la barbe à papa !

– En tant que reine, je promets de te protéger, quoi qu'il arrive.

Voyant que Biggie n'est toujours pas convaincu, elle a une idée.

– Je le promets, dit-elle d'une voix grave et sérieuse en levant son petit doigt.

Biggie en a le souffle coupé.

– Poppy, tu sais qu'on ne peut pas revenir sur une promesse de petit doigt !

– Jamais, jamais, confirme Poppy d'un ton ferme.

Le grand Troll tend la main à Poppy, et ils entrecroisent leurs petits doigts.

BOOOUMM ! Le pouvoir de la promesse ébranle le sol et une colonne de lumière rose s'élève dans le ciel.

Très loin de là, dans la forêt, Cooper traverse une clairière. Sentant la terre trembler sous ses pattes, il lève les yeux au ciel et voit la colonne de lumière au loin.

– Une promesse de petit doigt ! s'exclame-t-il. Waouh !

Il continue sa route, déterminé à trouver d'autres Trolls comme lui quelque part.

Au milieu des ruines de Symphonieville, Poppy déclare solennellement :

– Qu'il en soit ainsi.

– Pour toujours et à jamais, répond Biggie, selon le rituel de la promesse de petit doigt.

Poppy se tourne alors vers Branche.

– Tu as raison. Je ne peux pas y arriver seule.

Il est touché que Poppy reconnaisse qu'elle ne pourra pas arrêter Barb sans lui…

Elle sort alors une carte qu'elle a fabriquée en copiant le parchemin que son père leur a montré. On y voit les six royaumes Trolls : le village des Trolls Pop, le royaume sous-marin des Techno Trolls, Symphonieville, le désert des Trolls Country, le repaire mystérieux des Trolls Funk, et la terrible île volcanique des Trolls Rockeurs.

Poppy pose un bonbon rouge, un bleu et un vert sur trois royaumes.

– Nous avons besoin des Trolls Country, Techno et Funk.

Avec un sucre d'orge, elle regroupe tous les bonbons.

– Ensuite, nous affronterons Barb tous ensemble. Nous allons lui rappeler que nous sommes tous des Trolls !

Elle se tourne vers Pennypipeau.

– Pour commencer, nous devons nous rendre à Mornebourg, la ville des Trolls Country. Tu veux venir avec nous ?

– Oh non, répond la petite flûte en secouant la tête. Quelqu'un doit reconstruire Symphonieville, et je suis l'instrument idéal pour cette mission.

Poppy hoche la tête, compréhensive.

– Bonne chance, Pennypipeau.

– Au revoir, Poppy, dit-elle courageusement.

9

La guerre est déclarée

Pendant ce temps-là, la chauve-souris messagère de Barb regagne à tire-d'aile le bus de tournée des Trolls Rockeurs. Mais avec le nœud et les paillettes de Poppy, Barb ne la reconnaît pas.

– Qu'est-ce que c'est que ce truc ? s'exclame-t-elle.

En l'examinant de plus près, elle s'écrie :

– C'est toi, Debbie ? Qu'est-ce qu'ils t'ont fait, mon petit bébé poilu ? Viens, ma belle !

Debbie s'approche de Barb, qui trouve le message de Poppy attaché à sa patte. Elle le lit à haute voix :

– « Chère Barb, j'ai tellement hâte de te rencontrer ! J'ai des tonnes d'idées pour ta fête. J'espère que nous pourrons être les meilleures amies du monde ! »

Barb se tourne vers Riff.

– Meilleures amies ? Elle se moque de moi ou quoi ? On ne devient pas amis du jour au lendemain ! Et tout le monde sait que j'ai déjà une tonne d'amis ! Par exemple, toi, Riff… et puis…

Elle regarde autour d'elle, cherchant dans le bus.

– Et puis voilà. Pas besoin d'une tonne d'amis.

Soudain, elle entend comme un sifflement. *SSSSSS*. Ça vient de la carte de Poppy. *POUF !* Un nuage de paillettes jaillit tandis qu'elle émet une petite mélodie joyeuse !

Furieuse d'être couverte de paillettes, Barb se met à hurler :

– La musique pop, ce n'est même pas de la vraie musique ! C'est fade ! C'est répétitif ! Les paroles sont vides ! Le pire de tout, c'est que ça reste dans la tête ! Ça mange le cerveau comme un ver dans une pomme ! C'est infernal !

King Trash fredonne distraitement l'air de la carte. Barb s'agenouille à côté de lui, paniquée.

– Oh non ! Regardez ce que leur musique a fait à papa !

Elle lui donne un jus de fruits et dépose un baiser sur son front. Puis elle brandit la carte de Poppy.

– Personne ne se moque de la reine Barb ! Nous allons trouver cette Poppy et sa corde. Et je sais exactement à qui demander de l'aide !

Il ne lui faut pas beaucoup de temps pour rassembler trois équipes de chasseurs de primes. Pour commencer, Chaz, un Troll qui joue du jazz au saxophone, plongeant ses victimes dans un état de transe. Puis les Trolls Reggae, qui les ensorcellent avec leur rythme répétitif. Et enfin, le groupe K-Pop, qui capture ses proies en chantant et en dansant.

– Vous êtes les chasseurs de primes les plus redoutés de tous les royaumes Trolls, déclare Barb. Celui qui me rapportera la reine Poppy aura le droit de conserver sa musique quand j'aurai unifié le monde des Trolls, alors que tous les autres devront y renoncer à jamais. C'est compris ? Allez… Go !

Alors que les chasseurs de primes se lancent aux trousses de Poppy, Barb remarque qu'une des équipes qu'elle a convoquées ne s'est pas présentée.

– Hé, Riff, où sont les yodleurs ? demande-t-elle à son batteur.

– J'ai entendu dire qu'ils ont tellement mal joué qu'une avalanche s'est abattue sur eux, explique-t-il.

– Ah, dommage… car j'ai hâte de trouver mon amie Poppy !

Elle brandit la carte au-dessus d'une bougie… et elle s'enflamme. En quelques secondes, le visage souriant de Poppy est réduit en cendres !

10

Mornebourg

Quand le soleil se lève, le lendemain matin, Poppy, Branche et Biggie sont arrivés dans le désert. Ils repèrent quelques maisons le long d'une route.

– Selon la carte, c'est là, explique Branche. Mornebourg ! C'est là où vivent les Trolls Country.

– Génial ! s'exclame Poppy. Allons-y !

Ils passent devant deux énormes cactus puis pénètrent dans une ville qui semble tout droit sortie d'un western.

La maire, Delta Bella, sort justement de l'hôtel de ville. Elle a de longs cheveux roux sous son chapeau de cow-boy blanc, un corps blanc à quatre jambes, comme un cheval, et porte une chemise à carreaux verts et une longue queue verte.

Poppy veut courir la rejoindre mais Branche la retient. Il envoie Biggie espionner les Trolls Country afin de planifier leur approche. Le gros Troll se cache dans un tonneau pendant que Mister Dinkles colle son œil à un trou. Poppy et Branche, eux, se cachent derrière.

Delta Bella entonne un air de country sur la dure vie de l'Ouest. Les Trolls Country aiment commencer leur journée par une chanson mélancolique.

– C'est si triste ! commente Poppy.

Sous leurs yeux, un des Trolls Country se met à pleurer, ému par la chanson lugubre de Delta Bella. Une larme coule sur sa joue.

– Oui, confirme Branche. La chanson est triste, mais la vie est parfois triste, alors… J'aime plutôt ça.

Poppy a l'air surprise.

– Ah bon ? Mais c'est affreux… Ces Trolls ne doivent pas savoir que la musique est censée nous rendre heureux…

Juste au moment où Delta Bella chante les dernières notes, elle repère Poppy, Branche et Biggie, cachés dans la ruelle. Son compagnon, Pete le Grognon, tortille sa longue moustache verte d'un air mauvais.

– Du calme, Pete, fait la maire. Les pauvres, on dirait qu'ils ont reçu un arc-en-ciel sur la tête… Laissons-leur une chance.

Pete le Grognon accepte à contrecœur.

De son côté, Poppy chuchote à Branche et Biggie :

– Ces Trolls ont l'air complètement déprimés. Pour leur redonner le moral, il va falloir leur chanter les chansons les plus importantes de l'histoire de la musique.

– Oui mais lesquelles ? demande Biggie.

– Toutes, répond Poppy l'air déterminé.

Chaussant ses lunettes en forme de cœur, Poppy se lance dans un *medley* de musique pop super gaie. Biggie se met à chanter et à danser également. Même si le plan de Poppy lui semblait hasardeux, Branche se joint à eux.

Les Trolls Country se contentent de les regarder, impassibles. Au lieu de leur remonter le moral, ce mélange de mélodies joyeuses a l'air de les agacer… Ils tapent du pied et serrent les dents.

Mais Poppy, Branche et Biggie n'ont rien remarqué. Ils terminent leur numéro avec brio dans une pluie de paillettes.

Un silence de mort accueille leur prestation. On entend les mouches voler dans la rue poussiéreuse de Mornebourg. Et un instant plus tard, sans comprendre ce qui leur arrive, Poppy, Branche, Biggie et Mister Dinkles se retrouvent chez le shérif… au fond d'une cellule de prison !

– Ce que vous venez de faire, c'est un crime contre la musique ! tonne Delta Bella en fermant la porte à clé.

– Attendez ! proteste Poppy. Nous sommes ici pour vous prévenir du plan sinistre de Barb, la reine du rock !

Delta Bella se retourne vers la cellule en souriant.

– Ma chérie, j'ai déjà entendu parler de cette reine Barb et de sa tournée de pacotille.

Poppy secoue la tête.

– Non, vous ne comprenez pas. Elle veut voler les cordes de tous les Trolls pour détruire toutes les musiques, sauf la sienne. On doit s'unir pour se défendre et lui rappeler qu'elle est une Troll, comme vous et moi !

Delta Bella a l'air offensée.

– Nous ne sommes pas pareilles, ma chérie, proteste-t-elle. Jamais je n'oserais appeler le boucan que tu viens de faire de la musique ! Maintenant, excuse-moi, je dois aller me laver les oreilles avec du savon, dit-elle en partant.

– Non ! crie Poppy. La musique devrait nous rassembler, et non nous diviser !

Mais la maire ne se retourne même pas. Poppy se laisse tomber sur une couchette. Branche s'assoit à côté d'elle pour la réconforter.

– Tu as fait de ton mieux, Poppy.

Elle lève les yeux vers lui et ils se sourient.

« OK, c'est le moment », se dit Branche. Il va enfin pouvoir dire à Poppy ce qu'il ressent pour elle… Il prend une profonde inspiration et… *CRAC !*

Biggie, qui était grimpé sur une poutre, tombe et atterrit entre eux deux.

– Ça ne va pas du tout, murmure-t-il. Il faut qu'on sorte d'ici.

– Je sais, dit Poppy.

– C'était un super show. Je ne comprends pas que ça n'ait pas marché ! J'ai fait le grand écart et personne ne m'a applaudi.

– Et si on recommençait avec une chanson différente ? propose Poppy. Peut-être qu'il n'y avait pas assez de paillettes ?

Branche réplique d'un ton exaspéré :

– Ou peut-être que les autres Trolls n'aiment pas notre musique parce qu'ils sont différents ?

Poppy réfléchit.

– Mon père avait raison, déclare-t-elle lentement. Les autres Trolls sont vraiment différents de nous…

Elle a alors une révélation :

– Certains Trolls ne veulent pas s'amuser !

Ils gardent un moment le silence, le temps de digérer cette découverte épouvantable. Puis Mister Dinkles prend la parole :

– Quelqu'un a un plan B ?

Branche se tapote le crâne.

– Le plan B est là-dedans. Première étape : s'évader !

Il examine le sol de la cellule, qui est en terre battue. Il fourre alors la main dans ses cheveux et en sort une pelle pliable avec laquelle il se met à creuser un tunnel. Biggie l'aide en se servant de Mister Dinkles : le gros ver prend de la terre dans sa bouche et la recrache. *Ptiou ! Ptiou !*

– Bon… Va pour le plan B, alors, soupire Poppy.

Alors qu'elle cherche un outil pour les aider à creuser, un lasso s'enroule soudain autour des barreaux de la cellule. *CRRRRACCC !* Il arrache la porte.

Lorsque le nuage de poussière se dissipe, ils découvrent leur sauveur. Comme les autres Trolls Country, il a quatre pattes munies de sabots, une queue et un chapeau de cow-boy presque aussi grand que lui.

– Ce n'est pas bien de vous jeter en prison simplement parce que votre musique est différente, déclare-t-il avec un fort accent de cow-boy. Alors, on va faire un peu de rodéo !

– Merci ! s'exclame Poppy en saisissant la main qu'il lui tend.

– Poppy ! proteste Branche. Tu ne sais même pas qui c'est !

Elle dévisage l'étranger.

– Je suis la reine Poppy. Et toi, comment tu t'appelles ?

– Hickory, répond-il. En selle !

Poppy se tourne vers Branche :

– Branche, je te présente Hickory.

Elle se retourne vers le Troll Country :

– Hickory, je te présente Branche.

Et elle saute sur le dos de Hickory en tenant son chapeau.

– Allons-y ! renchérit Biggie en grimpant sur la porte de la cellule, toujours attachée au lasso.

– En route ! s'écrie Hickory. Hue !

Et il s'élance avec Poppy sur son dos, traînant Biggie sur la porte. Branche hésite encore à faire confiance à un inconnu.

Delta Bella voit Poppy et Biggie s'enfuir.

— Rattrapez-les ! ordonne-t-elle en sortant une petite Troll de ses cheveux pour la lancer à leurs trousses.

Raticheş, car c'est son nom, se rue sur eux en faisant claquer ses dents blanches, impatiente de mordre. Quand Branche la voit foncer sur lui, il décide de rattraper Hickory, Poppy et Biggie.

Il saute sur la porte de la prison en criant :

– C'est mon plan C, au fait !

– On charge ! commande Delta Bella.

Sa horde de Trolls Country poursuit Hickory et les Trolls Pop à travers le désert.

Jetant un coup d'œil par-dessus son épaule, Poppy constate qu'ils gagnent du terrain.

– Pas d'inquiétude, reine Poppy, la rassure Hickory en se dirigeant vers une ancienne mine à ciel ouvert.

Il saute facilement par-dessus la mine tandis que Ratiches plonge droit dedans.

– AU SECOURS ! crie-t-elle.

Les autres Trolls Country les rattrapent.

– Allez, Pete le Grognon, ordonne Delta Bella. Fais-nous ton super tour !

Le Troll fait tournoyer les deux extrémités de sa longue moustache dans les airs et les lance sur les Trolls Pop.

– Personne ne peut échapper à ma moustache !

L'une des moustaches s'enroule autour de la jambe de Branche… Et Pete le Grognon tire de toutes ses forces.

– Branche ! crie Biggie. Accroche-toi à Mister Dinkles !

Le Troll saisit la tête du petit ver qui s'étire de plus en plus à mesure que Pete le Grognon tire sur son lasso. Mais alors Raticles bondit dans les airs, la bouche grande ouverte. *TCHONK !* Elle referme ses mâchoires sur le fond de pantalon de Branche.

– ARGH ! crie le pauvre Troll, qui s'agrippe tant bien que mal au minuscule haut-de-forme de Mister Dinkles.

– Encerclez-les, ordonne Delta Bella à ses troupes.

– On a ces fous furieux qui se rapprochent des deux côtés, et une falaise droit devant nous. On ne va pas y arriver ! crie Poppy, toujours sur le dos de Hickory.

– Oh que si, on va y arriver ! lui assure Branche.

Il attrape Ratiches et se sert de ses dents acérées pour trancher la moustache-lasso de Pete le Grognon.

Enfin libre, Branche se rapproche de Mister Dinkles qui reprend sa longueur normale, heurte Biggie, qui rentre dans Hickory et fait tomber Poppy… Et ils passent tous par-dessus le rebord de la falaise, avant de basculer dans le vide.

– Bon, eh bien… J'espère que les Trolls Pop savent nager ! remarque Hickory.

Puis ils tombent dans les eaux tumultueuses de la rivière, au fond du ravin.

11 L'aventure continue

Delta Bella se penche au bord de la falaise. Elle n'a aucune envie de suivre les Trolls Pop dans les rapides qui coulent au fond du canyon… Elle piétine son chapeau de cow-boy, furieuse. Raticles crache par terre, tout aussi furieuse, avant de retourner se cacher dans ses cheveux épais.

Puis tous les Trolls Country regagnent Mornebourg.

Pendant ce temps-là, sur la berge, Biggie s'efforce de ranimer Mister Dinkles en appuyant sur le corps de son animal. Un jet d'eau jaillit soudain de sa bouche.

– Oh, Mister Dinkles ! crie Biggie en le serrant contre son cœur, soulagé. Tu es vivant ! Ouf !

Poppy, elle, se cramponne à un rocher pour ne pas être emportée par le courant.

– Au secours ! Braaanche !

– Tiens bon, Poppy ! Je suis là !

Il lui lance ses cheveux et la hisse sur la terre ferme.

– Merci, Branche... Tu es toujours là pour moi, constate-t-elle.

– C'est ça, être amis, non ? dit-il.

– Oui, murmure-t-elle.

Ils restent un long moment les yeux dans les yeux quand soudain... *SPLASH !* Hickory jaillit hors de l'eau et s'ébroue.

– Je crois qu'on les a semés, annonce-t-il.

– Je ne sais pas comment te remercier, dit Poppy. Oh, attends... Si, je sais, tiens !

Et elle lui tend une poignée de boules de gomme.

– Oh merci, fait-il en en glissant une dans sa bouche. Hum ! Ça colle aux dents, non ?

– Hé, proteste Branche, ce n'est pas l'heure des boules de gomme. C'est l'heure des questions…

Il veut en savoir plus sur Hickory mais… *Ding dong !* Les bracelets de Poppy et de Biggie sonnent juste à ce moment-là.

– L'heure des câlins ! s'écrient-ils.

Et ils se prennent tous dans les bras pour un câlin collectif. Branche est le premier à se détacher du groupe pour questionner Hickory.

– Pourquoi nous aides-tu ? Qu'as-tu à y gagner ?

– C'est tout simple, explique Hickory. J'ai apprécié votre message proposant de réunir tous les Trolls par la musique. Delta Bella aurait dû vous écouter.

Poppy hoche la tête.

– Oui, au lieu de s'arrêter à nos différences, il faut se concentrer sur ce qui nous rapproche !

– Bien vu ! Tu as beau être Pop et moi Country, un Troll est un Troll !

Branche lève les yeux au ciel.

– Waouh ! « Un Troll est un Troll. » Hyper profond.

Poppy lui lance un regard furieux et sort sa carte.

– Bon. Il faut qu'on arrive chez les Trolls Funk avant la reine Barb.

Hickory se frotte pensivement le menton.

– Le plus rapide, c'est de descendre la rivière. Je vais construire un radeau.

– J'aimerais bien voir ça, marmonne Branche.

Il n'a pas longtemps à attendre car Hickory ramasse du bois et, en deux temps trois mouvements, il a construit un superbe bateau !

12

Chaz l'hynotiseur

La petite bande de Trolls descend la rivière sur le radeau, direction : le pays des Trolls Funk !

À la tombée de la nuit, ils quittent le désert pour traverser un marais luxuriant. Une brise légère souffle. Hickory allume un feu pour faire réchauffer son ragoût de cow-boy puis, avec Biggie, ils s'assoient au coin du feu pour manger.

– C'est bon, non ? fait le Troll Country.

Trop poli pour répondre la bouche pleine, le Troll Pop hoche la tête avec enthousiasme. Il est heureux, et Mister Dinkles aussi.

Au même moment, caché sous l'eau, quelqu'un les espionne, en respirant avec une sorte de roseau, ou plutôt une sorte d'instrument à vent…

Sans se douter de rien, Branche prend Poppy à part à l'autre bout du radeau.

– Tu ne trouves pas le comportement de Hickory bizarre ?

– Non pourquoi ? fait Poppy, surprise.

– Je ne lui fais pas confiance. C'est tout.

– Tu n'as confiance en personne, Branche. Hickory nous a sauvés et il a construit ce radeau incroyable. En fait ce n'est pas Hickory que tu mets en doute, c'est moi ! s'emporte-t-elle. Tu penses que je ne suis pas une bonne reine ?

– Mais… si, bien sûr, bafouille-t-il. Je n'ai jamais dit le contraire !

– Je croyais qu'on était amis, Branche, fait Poppy, blessée. Je commence à penser que tu ne sais même pas ce que cela signifie…

Quelques notes de jazz interrompent leur dispute. Des bulles lumineuses, comme à l'intérieur d'une lampe à lave, s'élèvent sous le nez des Trolls, stupéfaits.

Chaz, le chasseur de primes de Barb, sort alors de l'eau en jouant une musique hypnotique au saxophone.

– Poppy, fait Branche d'une voix pâteuse, je ne sens plus mes jambes…

– Moi non plus… C'est comme si j'étais paralysée par la douceur de cette musique, réussit à articuler Poppy juste avant de commencer à onduler au rythme de la mélodie.

Comme un charmeur de serpents, Chaz ensorcèle les Trolls grâce à son saxophone. Un à un, ils entrent dans une cage, complètement hypnotisés. Le cliquetis du verrou les tire brusquement de leur transe.

– Hein ? Quoi ? Qu'est-ce qui s'est passé ? bafouille Poppy.

– Ha ha ha ! ricane Chaz. Je vous ai bien eus, les Trolls Pop ! Bientôt, la reine Barb prendra votre corde, et nous serons débarrassés de votre musique ringarde une bonne fois pour toutes !

– Halte-là, Chaz ! aboie Hickory, en s'interposant entre le chasseur de primes et ses prisonniers.

– Et qui êtes-vous, cow-boy ?

– Hickory, se présente-t-il en touchant son chapeau. Et je n'aime pas beaucoup le jazz.

– Ah oui ? fait l'autre. C'est parce que vous n'avez jamais entendu Chaz.

Il sort son saxophone et commence à jouer une musique hypnotiquement douce, mais soudain... *VLAN !* Hickory lui flanque un coup de pied qui le fait tomber à l'eau.

Hickory sort alors les deux boules de gomme qu'il avait utilisées pour se boucher les oreilles et les met dans sa bouche.

– Sacrées boules de gomme ! Ça coupe le son en plus d'être délicieux !

Chaz refait surface en menaçant :

– Vous ne vous en tirerez pas comme ça ! La reine Barb vous retrouvera ! Le jazz dominera le monde !

Dès que Hickory les libère de la cage, Poppy le questionne :

– C'était qui ?

– L'un des chasseurs de primes que la reine Barb a lancés à vos trousses, explique-t-il.

– Quelle horreur ! gémit Biggie en serrant Mister Dinkles contre son cœur. Une musique si belle, douce… et si affreuse !

Hickory lui tapote l'épaule.

– Je sais, mon pote. À vous dégoûter du jazz à jamais.

Biggie prend une profonde inspiration et annonce d'un ton ferme :

– Ça suffit. Il faut rentrer à la maison, maintenant.

– Ça va aller, Biggie, le rassure Poppy.

– Arrête et écoute-moi ! Tu n'en fais qu'à ta tête et cela nous met tous en danger ! Comment veux-tu sauver le monde si tu n'arrives même pas à nous protéger ? Tu m'as fait une promesse, Poppy, lui rappelle Biggie, et tu ne l'as pas tenue.

Il se penche, pose Mister Dinkles dans l'eau et grimpe sur son dos.

Puis il tire sur son chapeau et le fait démarrer comme un bateau à moteur. *TEUF TEUF TEUF ! VROUM !*

– Biggie, attends ! crie Poppy, le cœur brisé de le voir partir.

Pendant ce temps, Cooper trébuche à chaque pas dans le désert. Il a chaud, faim et soif. Il est épuisé et il ne voit que du sable doré et scintillant à perte de vue… Mais soudain, il remarque quelque chose qui brille au loin. Une mare !

De l'eau bien fraîche ! Rassemblant ses forces, il court et se penche pour boire.

– Sauvé ! s'écrie-t-il, ragaillardi.

Mais dans l'eau bleue et claire, son reflet réplique :

– Tu crois vraiment ? Parce que, la dernière fois que j'ai vérifié, j'étais un mirage !

POUF ! La mare disparaît, remplacée par des dunes de sable, et Cooper crache le sable qu'il a dans la bouche.

– POUAH !

Il regarde autour de lui : rien que le désert de tous les côtés.

– Je n'en peux plus ! gémit-il. En plus, je n'ai trouvé aucun Troll comme moi…

Et il s'évanouit dans le sable.

Lentement, une ombre le recouvre. Quelque chose d'immense passe entre Cooper et le soleil, puis une bulle de lumière l'enveloppe et l'emmène dans les airs jusqu'à un immense vaisseau spatial.

POP ! La bulle éclate, laissant tomber Cooper sur le sol chromé. Il lève les yeux mais les lumières vives l'aveuglent… Il ne voit rien. Deux hautes silhouettes se dressent au-dessus de lui.

– Est-ce bien ce que je crois ? demande une voix féminine. Si oui, nous avons enfin trouvé ce que nous cherchions !

Le lendemain, le radeau continue de remonter le long de la rivière entre les roseaux. Poppy est à la barre, abattue par le départ de Biggie.

Les chansons tristes que Hickory joue à la guitare ne lui remontent pas du tout le moral…

« Où va-t-il chercher ces sombres pensées ? » se demande-t-elle.

En revanche, Branche trouve que les paroles reflètent parfaitement ce qu'il ressent. Il aurait voulu être plus qu'un ami pour Poppy. Couché sur le dos, il regarde défiler les nuages dans le ciel.

Hickory pose sa guitare pour s'approcher de lui.

– Quelque chose me dit que tu n'as pas vraiment le cœur à cette mission.

– Comment ça ? s'étonne Branche.

– Ton cœur appartient à Miss Poppy, affirme Hickory. Tu le lui as dit ?

Branche baisse les yeux en marmonnant :

– J'ai essayé, mais… Écoute, si tu cherches quelqu'un pour te construire un bunker, je suis ton Troll. Mais parler de sentiments ? Pas tellement.

– Je comprends, fait Hickory en riant.

– Euh, les gars ? leur crie Poppy depuis la barre du radeau. Désolée de vous interrompre, mais regardez là-haut !

Branche et Hickory lèvent les yeux. Un vaisseau spatial géant plane au-dessus de la rivière !

13

Funky City

–AAAAAH ! hurle Branche, en se mettant en position de combat.

– Par mon chapeau ! Qu'est-ce que c'est que ça ? s'étonne Hickory.

— Attendez ! fait Poppy en sortant sa carte des royaumes Trolls.

Le vaisseau spatial ressemble à un énorme coquillage chromé, comme celui qui représente Funky City sur la carte. Il est entouré d'anneaux colorés qui ondulent.

– Je pense que nous avons trouvé les Trolls Funk ! s'écrie-t-elle. Mais comment les rejoindre ?

Elle agite les bras pour attirer l'attention des occupants de l'immense vaisseau spatial.

– Hé, ho ! On est là !

Ses efforts sont récompensés. Un projecteur sort du vaisseau et une bulle lumineuse enveloppe Poppy avant de la soulever dans les airs.

– Qu'est-ce que… ? bafouille Hickory tandis qu'une bulle se forme autour de lui.

Il essaie de se défendre avec sa guitare, mais elle se fait également aspirée dans les airs.

Branche n'en croit pas ses yeux. Il veut se débattre mais une bulle l'emporte également.

Les trois Trolls flottent ainsi jusqu'au gigantesque vaisseau spatial. Ils arrivent enfin dans une salle ultramoderne équipée d'une grande baie vitrée. *Pop !* La bulle de Poppy la dépose sur un gros pouf. Pareil pour Hickory. Hélas, la bulle de Branche éclate et le laisse tomber par terre…

Une voix retentit alors dans leur dos :

– Bienvenue à Funky City !

En se retournant, Poppy aperçoit Cooper… Sauf qu'il a maintenant des dreadlocks et une casquette dorée, des rayures jaunes dans le cou et une barbichette au menton !

– Vous êtes les invités du prince Cooper.

– Cooper ? Mais qu'est-ce que tu fais ici ? s'étonne Poppy.

– Tu veux dire : qu'est-ce que je fais là ? réplique une voix, à l'autre bout de la pièce.

Poppy fait volte-face et aperçoit... son ami Cooper ! Elle les regarde tour à tour, stupéfaite de se retrouver face à deux Cooper.

Le vrai Cooper éclate de rire.

– Salut ! C'est moi ! En fait, je suis originaire de Funky City... comme mon frère jumeau.

Il rejoint le Troll à la casquette dorée et lui passe le bras autour du cou.

– Je vous présente Prince D.

– Mais... Comment ça se fait ? s'étonne Poppy.

– Quand on était petits, l'œuf de Cooper a été emporté par un oiseau, explique Prince D. Papa et maman ne l'ont jamais retrouvé... Mais heureusement, vous l'avez élevé comme l'un des vôtres !

– Et c'était *trollement* cool ! commente Cooper.

Les deux frères éclatent de rire.

– Donc… Tu es un Troll Funk ? conclut Poppy.

Cooper hausse les épaules.

– On n'est pas obligé de choisir. Je crois que je suis Pop et Funk !

– Ou peut-être Hip-Hop, comme moi, intervient Prince D.

– Hip-Hop ? répète Poppy. Comme Petit Diamant ?

Elle sort la carte des royaumes Trolls de ses cheveux et l'examine attentivement à la recherche du pays des Trolls Hip-Hop.

Prince D y jette un coup d'œil.

– Oh, le hip-hop n'est pas sur votre carte, constate-t-il. Je pense qu'elle est un peu dépassée…

Un couple de Trolls plus âgés entre alors dans la salle. Ils ressemblent à Cooper mais avec une couronne sur la tête. Le roi a une cape en or, une barbe bleue, des lunettes en or et trois anneaux aux orteils. La reine porte un beau manteau blanc avec une doublure or et violet. Ses cheveux argentés sont coiffés en pétard.

Cooper sourit.

– Poppy, je te présente mon père et ma mère, le roi et la reine du Funk.

Poppy s'incline.

– Merci d'avoir pris soin de notre fils pendant toutes ces années, déclare la reine Cool.

– Waouh, Cooper ! s'exclame Poppy. Qu'est-ce que tu ressembles à ton père !

– Oui, il est presque aussi beau, déclare King Quincy.

Cooper rejoint ses parents pour les serrer dans ses bras. Le prince D se joint à eux pour un câlin familial.

Puis le roi et la reine se retournent vers Poppy.

– Si nous pouvons faire quoi que ce soit pour vous remercier, ce sera avec plaisir, propose King Quincy.

– Oui ! acquiesce Poppy. Nous avons besoin de votre aide pour protéger le monde des Trolls de la reine Barb.

– D'accord, fait la reine Cool. Et vous avez un plan ?

– Si nous combinons nos musiques, elle verra que la musique unit tous les Trolls, que nous sommes tous pareils, et qu'elle est l'une des nôtres, explique Poppy.

Les Trolls Funk la toisent un instant, sans rien dire, dans un silence très inconfortable.

Enfin, King Quincy prend la parole :

– Poppy, sans vouloir vous manquer de respect… C'est impossible !

– Mais pourquoi ? s'étonne Poppy.

Pour répondre à sa question, la famille royale conduit les Trolls Pop au musée du disque de Funky City. En chemin, la reine Cool rappelle à son mari :

– Tu sais, Q, les Trolls Pop se sont bien occupés de notre fils.

– Et je leur en suis très reconnaissant, affirme King Quincy. Mais cela ne change rien à ce qu'ils ont fait à notre musique.

Ils entrent dans une salle remplie d'étagères abritant des milliers de vinyles. King Quincy en tire un. Sur la pochette, il est écrit en grosses lettres multicolores : COMMENT LE DRAME EST ARRIVÉ.

Il se tourne vers son fils.

– Raconte-leur, Prince D.

Le jeune Troll se lance dans un rap sur l'histoire des Trolls. C'est une version très différente du parchemin de King Peppy. Au début, les différentes tribus de Trolls s'entendaient bien. Et même s'ils avaient chacun leur style de musique, ils se mêlaient parfois le temps d'un morceau.

King Quincy désigne une illustration de l'album où différentes couleurs se combinent pour former un instrument magique, puis Prince D explique que les Trolls Pop avaient commencé à faire une musique si simple et accrocheuse que les autres styles avaient progressivement disparu. Les Trolls avaient dû séparer les cordes pour protéger les différentes variétés de musique.

Sur une dernière illustration, ils partent chacun de leur côté avec une corde.

– Hélas, après cela, les Trolls ne vécurent plus jamais en harmonie, conclut tristement King Quincy.

Poppy fixe l'album, incrédule.

– Mais ce n'était pas comme ça dans notre parchemin…

– Parce que ce sont les vainqueurs qui ont écrit l'histoire, affirme Prince D.

– Je sais que vous avez sûrement du mal à le croire, reprend la reine Cool d'une voix ferme et posée, mais les Pop ont failli détruire notre musique.

— Comme la reine Barb essaie de le faire ! s'écrie Branche.

– Sauf qu'on va l'en empêcher ! enchaîne Poppy.

– Nous préférons régler nos affaires tout seuls, merci, réplique le roi.

– L'histoire risque de se répéter éternellement tant que tous les Trolls n'auront pas compris que nous sommes *tous pareils*, fait valoir Poppy.

Le roi et la reine de la Funk secouent la tête.

– Nous ne sommes pas *tous pareils* ! proteste le roi.

– C'est pour ça que nous avons des cordes différentes. Pour refléter nos différents styles, renchérit la reine en s'écartant pour leur montrer une guitare munie d'une seule corde – la corde du funk.

– Nier nos différences, c'est nier notre identité propre, renchérit King Quincy.

– Je n'avais pas vu les choses sous cet angle, reconnaît Poppy.

TIIIOU ! TIIIOU ! Le hurlement d'une sirène interrompt leur conversation.

La famille royale est prise de panique.

– Les Rockeurs arrivent ! annonce Prince D.

– Préparez-vous pour la bataille musicale ! ordonne le roi.

– Formez le groupe ! ajoute la reine.

Pendant ce temps, Cooper prend Poppy et Branche à part.

– Je vais vous mettre en sécurité, promet-il.

Il n'a qu'à pianoter sur un clavier pour faire apparaître deux bulles.

Mais Poppy les esquive.

– Poppy ! hurle Branche. Qu'est-ce que tu fabriques ?

– Pas question que je m'en aille, réplique-t-elle d'un ton buté.

Branche la rattrape et la force à se mettre à l'abri dans la bulle avec lui. Hickory pénètre dans la seconde, et elles s'élèvent dans les airs pour quitter Funky City, chacune dans une direction différente.

– Ne vous inquiétez pas, les gars ! On se retrouvera, promet le Troll Country.

– NON ! JE VEUX RESTER ! proteste Poppy tambourinant contre la paroi transparente. Coooooper !

Branche tente de la raisonner.

– On s'en va, ils ne veulent pas de notre aide.

Prince D tend une guitare à Cooper pour affronter les Trolls Rockeurs. Mais soudain : *CHTONK !* La pièce est plongée dans l'obscurité.

– Oh non ! Ils ont coupé le courant ! s'affole la reine Cool.

– Ils ne reculent devant aucun mauvais coup, constate Prince D.

– Ça va rocker ! hurle la reine Barb en débarquant à bord du vaisseau spatial.

Elle ne remarque même pas la bulle qui s'éloigne… avec Poppy qui crie, impuissante, à l'intérieur.

14

La dispute

La bulle de Poppy et Branche flotte au-dessus du champ de bataille où s'affrontent les Trolls Rockeurs et Trolls Funk.

– On devrait retourner là-bas pour les aider ! gémit Poppy, le front collé à la paroi.

– Ce n'est pas notre combat, la raisonne Branche. Il est temps de rentrer à la maison !

– Je ne suis pas comme toi ! Je ne peux pas laisser tomber…

Son ami la dévisage, les yeux écarquillés.

– Qui te parle de laisser tomber ? Je rentre pour protéger nos amis !

– Eh bien moi, je ne peux pas rentrer à la maison et affronter mon père tant que je n'ai pas prouvé que je suis une bonne reine, avoue Poppy.

Branche n'en revient pas.

– Alors tu as vraiment fait tout ça pour prouver quelque chose à ton père ?

– Pourquoi ça t'énerve autant ?

– Parce que tu n'écoutes rien ! Si tu veux être une bonne reine, commence par écouter les gens autour de toi. Tu as entendu les Trolls Funk ? Pour eux, les différences comptent. Eh bien, c'est pareil pour toi et moi : nous sommes trop différents pour bien nous entendre. Comme tous les autres Trolls.

Poppy l'écoute, abasourdie, quand soudain *POP !* la bulle touche le sol et éclate.

Elle se relève en époussetant sa robe :

– Tu as raison. Nous sommes vraiment trop différents.

Branche est blessé. Il voulait qu'elle proteste, qu'elle dise que non, ils n'étaient pas si différents que ça. Mais il se relève en grommelant :

– Radicalement opposés.

– Complètement décalés, renchérit Poppy. Je ne sais même pas pourquoi nous sommes amis.

– Moi non plus, réplique Branche.

Et il s'éloigne à grands pas, laissant Poppy plantée là, bouche bée.

Branche s'enfonce dans la forêt, espérant trouver un chemin qui le ramène chez lui. Au bout d'un moment, il s'assoit au bord d'un ruisseau, dans une clairière, pour faire une pause. Il fredonne la chanson mélancolique de Hickory quand, soudain, il entend un rythme saccadé résonner dans les bois.

À sa grande surprise, un groupe de Trolls émerge des arbres et l'encercle.

– Je peux savoir qui vous êtes, les gars ? demande-t-il.

– Nous sommes la bande des K-Pop, répond leur chef. Et on te tient, Troll Pop !

– Mais euh… Nous sommes tous des Trolls Pop, non ? fait Branche, perplexe.

– Non, nous sommes des *K*-Pop, rugit l'autre. C'est complètement différent !

Mais avant qu'ils puissent faire quoi que ce soit, un autre gang de Trolls surgit de l'autre côté de la clairière : les Trolls Reggae.

– *Battle* de danse ! décide leur chef.

Les deux gangs de Trolls se mettent à danser, montrant leurs meilleurs mouvements, essayant de se dépasser. C'est vraiment incroyable.

À la fin, les deux groupes de Trolls sont impressionnés par les performances des autres.

– Respect, fait le chef des Trolls K-Pop au chef des Trolls Reggae.

– Respect ! répond ce dernier. J'ai une idée : on n'a qu'à se le partager.

Les deux gangs sont d'accord et s'approchent de Branche d'un pas décidé. Il faut qu'il fasse quelque chose s'il ne veut pas se retrouver coupé en deux !

– Attendez, attendez, s'écrie-t-il, paniqué. Pourquoi ce serait Barb qui déciderait quelle musique on va conserver ? On devrait garder tous les styles de musique, non ?

Les deux bandes de Trolls le dévisagent, perplexes. Le chef du groupe Reggae, Tressillo, prend la parole :

– D'accord, d'accord… Je t'écoute, Troll Pop : qu'est-ce que tu proposes ?

Poppy est assise par terre, abattue, quand elle entend quelque chose remuer dans les buissons. Elle se relève d'un bond, prête à affronter son adversaire.

C'est alors qu'apparaît… Hickory !

Elle le rejoint en courant et le serre dans ses bras. Hickory regarde autour de lui.

– Où est Branche ?

– Nous nous sommes disputés et il est retourné à Trollsville. Tout ça à cause de cette satanée corde…

Elle tire la corde rose de ses cheveux, toute brillante. Hickory écarquille les yeux.

– Poppy, prends ta corde et cours aussi vite que tu peux ! Tu m'entends ? ordonne-t-il en se mettant à trembler.

– Qu'est-ce que tu racontes ?

– Écoute-moi, la supplie-t-il. File, je t'en prie !

Mais Poppy ne veut pas le laisser comme ça.

– Qu'est-ce qui t'arrive ?

– Ça va, ne t'inquiète pas. Va-t'en…

Ses deux pattes arrière se mettent à ruer et son dos est secoué de saccades. Il titube, comme s'il avait perdu le contrôle de la moitié arrière de son corps.

Hickory se retourne pour s'adresser à son derrière.

– Arrête, maintenant ! Ça suffit !

Et, sous les yeux horrifiés de Poppy, une main sort de son dos… *ZIP !* Elle ouvre une fermeture Éclair cachée, séparant l'avant de Hickory de son derrière. Un petit Troll Country avec une grosse moustache apparaît.

Poppy regarde les deux Trolls sans comprendre.

– Que se passe-t-il, Hickory ?

– Je suis vraiment désolé, fait-il. Je te présente Dickory…

– Vas-y, montre-lui qui tu es vraiment, Hickory, dit le prénommé Dickory.

Alors Hickory baisse son costume pour révéler une paire de *lederhosen*, le genre de pantacourt que portent les… yodleurs !

– Yodel-ay-hii-ho ! entonne Hickory.

– Yodel-ay-hii… poursuit Dickory.

– Attendez, les coupe Poppy. Vous êtes des yodleurs ?

– Bien vu, confirme Dickory.

– Et vous vouliez donner notre ficelle Pop à la reine Barb ? fait-elle d'un ton accusateur.

– Bonne réponse, vous avez gagné un strudel ! s'exclame Dickory.

Poppy se tourne vers Hickory.

– Mais… pourquoi ?

– Désolé, fait-il en abandonnant subitement sa fausse voix de cow-boy pour parler avec un accent complètement différent. C'était le seul moyen de sauver notre beau yodel… Mais je t'en prie, file.

– Qu'est-ce que tu fais, Hickory ? demande Dickory.

Sans attendre de réponse, il se jette sur la reine des Trolls Pop pour lui prendre sa corde, mais Poppy tient bon. Hickory veut l'aider mais, hélas, Dickory réussit à leur arracher la corde. Aussitôt, il pousse un yodel triomphal :

– YODEL-AY-HI-HOO !

À ce moment précis, la reine Barb sort de l'ombre, un sourire machiavélique aux lèvres, et félicite les chasseurs de primes.

– Beau travail, les gars, fait-elle.

Elle arrache la corde des mains de Dickory et la pince. Une douce mélodie pop retentit.

– Les dernières notes de pop, commente Barb, satisfaite. Leur musique n'envahira plus jamais le cerveau de qui que ce soit.

– Je ne te laisserai pas faire ça ! proteste Poppy.

Mais Barb s'esclaffe :

– Pour qui me suis-je inquiétée ? Pour cette minus ?

– Jamais je n'arrêterai de me battre ! réplique-t-elle d'un ton rebelle. Et je ne suis pas minus !

La reine rockeuse la toise :

– Si ! Je fais au moins *un centimètre* de plus que toi !

Elle claque des doigts et deux de ses Trolls Rockeurs apparaissent pour saisir Poppy qui se débat en hurlant :

– Lâchez-moi !

– Oh, je suis déçue, fait Barb d'un ton moqueur. Moi qui croyais que tu voulais devenir ma meilleure amie !

Poppy essaie d'échapper aux Rockeurs.

– Je dois admettre que tu es courageuse. Une femme forte, comme moi ! Tu résistes… Et tu sais qui a résisté, aussi ? Tes amis de Trollsville.

Poppy en a le souffle coupé. Barb et ses Trolls Rockeurs s'en sont pris à leur village ?

– NOOON ! crie-t-elle, au désespoir, alors que les Trolls Rockeurs l'emmènent.

De son côté, Biggie est arrivé, hors d'haleine, à l'entrée de son village bien-aimé, Mister Dinkles dans les bras.

– Hé ho, tout le monde ! Nous revoilàààà ! claironne-t-il.

Mais personne ne lui répond. Et pour cause : Trollsville a été détruite par Barb et ses Rockeurs ! Tandis qu'il contemple le désastre, horrifié, une poignée de Trolls Pop sortent prudemment de leurs cachettes pour l'accueillir.

– Salut, Biggie…

– Bi-iii-ggie ! s'écrie Guy Diamant de sa voix auto-tunée. Nous avons été attaqués par Barb et ses barbares !

Petit Diamant risque un œil hors de la chevelure de son père et complète :

– Elle a emmené tout le monde à Vulcarock City !

– Oh, non ! gémit Biggie. Je n'aurais pas dû laisser Poppy toute seule… Elle a besoin d'aide. Il faut aller la secourir !

– On vient avec toi, Biggie ! décide courageusement Guibole.

Mais Smidge n'a pas l'air convaincu.

– Comment allons-nous faire ? Les Trolls Rockeurs ne nous laisseront jamais entrer…

Petit Diamant fait gonfler les biceps de son petit bras.

– On va leur montrer qui est le plus fort !

– Et qui sont les plus doués pour la mode ! enchaînent Satin et Chenille.

Les jumelles se mettent en action et confectionnent de super costumes rock à toute la bande.

15

La tournée mondiale

Vulcarock City porte bien son nom. L'île n'est en fait qu'un gros volcan qui surgit de la mer en crachant fumée, cendre et lave.

Barb et son père viennent d'arriver, chevauchant leur monstrueux requin qui tient la reine Poppy dans sa gueule. Les dents acérées de l'animal forment comme des barreaux de cage. Dans leur gros bus de tournée, ils ont entassé les Trolls de tous les royaumes pour les forcer à assister à leur grand concert.

Tandis que l'on décharge l'équipement, les Trolls Pop guettent une opportunité, cachés dans un tunnel sombre.

– Allons-y ! s'exclame Biggie.

Mais un gros costaud lui bloque le passage.

– Seuls les Trolls Rockeurs sont autorisés dans les coulisses.

– Ça tombe bien, nous sommes de vrais rockeurs, affirme Biggie.

Ils sortent de l'ombre, dévoilant leurs costumes pleins de paillettes à la Elvis Presley. Ils se lancent alors dans un vieux rock and roll à l'ancienne, sautillant et plein d'énergie.

Le roadie hausse les épaules en disant :

– D'accord, cool.

Il tend un instrument à chacun des Trolls Pop déguisés.

– Dépêchez-vous ! Ça va commencer ! La reine Barb va monter sur scène.

À l'autre bout des coulisses, Riff pousse Poppy dans une cage et la laisse à la merci de sa souveraine.

– Merci, petite reine de la Pop, dit Barb.

– Merci de quoi ? s'étonne Poppy.

– D'avoir réalisé ton rêve, explique Barb en souriant. Tu vas venir sur scène avec moi. Tu vas passer du temps avec ta nouvelle meilleure amie.

– Quoi ? Mais je ne suis pas ta meilleure amie ! proteste Poppy.

– Ne t'en fais pas, je te comprends. On se sent seule quand on est reine. La peur de décevoir ses parents, toute cette pression, ces gens qui se prétendent tes amis, mais qui n'en sont pas…

Elle soupire.

– Tu sais, mis à part ton mauvais goût pour les vêtements et la musique… Toi et moi, nous sommes pareilles, Minus.

– Non, réplique Poppy d'un ton ferme. Nous sommes complètement différentes.

Barb secoue la tête.

– Non. Nous sommes deux reines qui veulent réunifier le monde des Trolls.

– Tu ne veux pas réunifier le monde des Trolls, s'indigne Poppy, en agrippant les barreaux. Toi, tu veux le détruire !

– Pas du tout ! s'emporte la reine Barb. La musique n'a fait que nous diviser. Maintenant que j'ai la dernière corde, je vais tous nous réunir grâce au rock.

– Et comment comptes-tu faire ?

– Je vais jouer l'accord de puissance ultime. Tu vas voir le résultat ! déclare Barb en prenant sa guitare pour y attacher la corde pop.

Maintenant réunies sur un même instrument, les six cordes scintillent comme un arc-en-ciel.

Barb tourne les talons pour entrer en scène. En la voyant surgir d'un nuage de fumée, la foule l'acclame.

– Qui veut voir ce que l'accord de puissance ultime peut faire ? rugit-elle.

Elle lève la main, prête à jouer son accord… quand soudain… *BOUM !* Un épais manuel tombe du ciel en plein sur sa tête.

– Tu vois, finalement, un gros bouquin, ça peut être utile, dit Branche en sautant de la nacelle de Sheila B.

– Oh non, le petit ami de Minus ne va pas gâcher notre concert ? gronde Barb en se relevant.

Elle pointe la guitare sur Poppy et joue l'accord… mais Branche s'interpose entre elles pour éviter que le son monstrueux n'atteigne son amie.

Poppy retient son souffle et ferme les yeux. Quand elle les rouvre, Branche s'est transformé en Troll Rockeur aux cheveux longs !

– Ça va rocker ! crie-t-il.

– Oh, le truc de dingue ! Ça a marché ! s'exclame Barb d'un ton triomphal.

– Tu veux transformer tous les Trolls en zombies rockeurs ? comprend Poppy, consternée.

Barb acquiesce avec entrain. Elle se met à jouer de la guitare avec les six cordes magiques pour contaminer les autres Trolls. Personne n'est épargné ! Une à une, les différentes tribus de Trolls se transforment en zombies rockeurs aux yeux rouges et aux cheveux en pétard, vêtus de noir. Même les perruques poudrées des Trolls Classiques sont toutes hérissées ! Ayant perdu leurs couleurs propres, les Trolls Country, Funk,

Techno, Classique ou Pop secouent la tête en rythme, comme un seul Troll.

Barb crie :

– Et maintenant, tout le monde va rocker ! Surtout les Trolls Pop !

Elle se tourne vers Branche.

– Hé, mec… La coiffure à la mode, c'est le mulet.

Les cheveux du Troll poussent soudainement, mais seulement dans le dos, créant une coiffure de vieux rockeur. Complètement hypnotisé, Branche sort Poppy de sa cage et la traîne jusqu'à Barb qui, dans un nuage de fumée, lance son monstrueux accord.

Quand la fumée se dissipe, Poppy a l'allure… d'une Troll Rockeuse !

Barb annonce à la foule en délire :

– La pop est devenue rock !

Elle tend sa guitare avec les six cordes magiques à Poppy en ordonnant :

– Maintenant, achève-les !

Poppy se met à jouer. Dans les coulisses, Biggie et les Trolls Pop déguisés sont catastrophés, mais Poppy se tourne vers eux et leur adresse un clin d'œil.

Le solo qu'elle joue n'est définitivement pas rock. C'est joyeux, mélodieux et très entraînant.

– De la musique pop ? s'étonne Barb, horrifiée. Mais comment ça se fait ? Tu es censée être un zombie rock !

Tout sourire, Poppy ôte deux boules de gomme de ses oreilles.

– Les boules de gomme, ça coupe le son et c'est délicieux !

– Bien joué ! la félicite Hickory, ravi que Poppy se soit servie de son astuce pour résister au pouvoir maléfique de la musique.

– Donne-moi cette guitare ! gronde Barb.

– Pas question ! réplique Poppy.

Barb attrape la guitare par le manche, mais Poppy s'accroche, refusant de la lâcher.

– Un monde où tout le monde se ressemble et vit au son d'une seule musique, ce n'est pas l'harmonie ! proteste-t-elle.

Riff se gratte le bonnet, perplexe.

– C'est vrai ça, Barb ! Si on est tous identiques, qu'on s'habille de la même manière et qu'on joue la même musique, comment va-t-on savoir qui est cool et pas cool ?

– Une bonne reine écoute toutes les voix, explique Poppy. Et la véritable harmonie, c'est l'accord de plusieurs voix, même très différentes !

Elle lève la guitare au-dessus de sa tête à deux mains, puis la fracasse sur la scène. *CHTOING !* La guitare vole en éclats avec un terrible effet Larsen. Les six cordes musicales sont cassées !

16

Poppy à la rescousse !

Une fois les cordes cassées, King Trollex, King Quincy, la reine Cool, Trollzart et Delta Bella retrouvent leur apparence et leurs couleurs normales. Branche redevient lui-même également, et Poppy lui saute au cou.

Barb essaie désespérément de ramasser ce qui reste des cordes, mais celles-ci s'effritent entre ses doigts et s'envolent, emportées par le vent.

– Nooooon ! Qu'est-ce que tu as fait… ?

Elle se tourne vers la foule dans l'arène.

– Grâce à la reine des Trolls Pop, nous avons tous perdu notre musique ! L'histoire se répète ! La pop a tout gâché !

Tous les Trolls ont l'air dévastés : comment pourront-ils vivre sans musique ?

Un silence de mort règne autour de la scène quand soudain… *BOUM BOUM. BOUM BOUM. BOUM BOUM…*

Un battement ! Un rythme !

Cooper réalise que c'est son cœur qui bat. Il approche un micro de sa poitrine pour que tout le monde puisse l'entendre. Maintenant amplifié, son rythme cardiaque cogne comme une batterie.

BOUM BOUM. BOUM BOUM. BOUM BOUM.

Le frère jumeau de Cooper, prince D, improvise en suivant le rythme :

– SH-THOUMPA DA BOUH DOUM-DOUM BAH-DAH !

La reine Cool sourit.

Mes fils ont la musique dans le cœur !

Les Trolls Country se mettent à taper du pied en rythme, et improvisent une danse.

Poppy n'en revient pas ! La reine Cool se tourne vers elle en expliquant :

– La reine Barb ne peut pas nous arracher quelque chose qui est en nous. Parce que c'est de *là* que vient vraiment la musique, explique-t-elle en désignant son cœur. Pas des cordes, mais du plus profond de nous.

Tous les Trolls rassemblés dans l'arène se mettent à hocher la tête au rythme de la musique.

– La musique vient de nos expériences, poursuit King Trollex.

– De nos vies, ajoute Delta Bella.

– De notre culture, reprend la reine Cool.

Poppy hoche lentement la tête, réalisant que la reine du Funk a raison. Elle se tourne vers la foule, prend une profonde inspiration et commence à chanter en cadence. Branche se joint à sa chanson dans une harmonie parfaite. Barb n'en revient pas !

Elle se tourne vers son père, complètement perdue. Assis derrière un clavier, il répond, pour une fois, très clairement :

– Tout va bien, Barbara. Laisse simplement chacun être ce qu'il veut. Et ça vaut pour toi aussi.

Une à une, les différentes tribus de Trolls se mettent à chanter avec Poppy. Les Trolls Funk ; les Trolls Country avec leurs guitares acoustiques ; les Techno Trolls avec un style électro, plus froid et mécanique, mais permettant le contrepoint harmonique parfait avec ce que chantent les autres Trolls.

Tous les Trolls se joignent à eux, ajoutant quelque chose de spécial du plus profond d'eux-mêmes. Les Trolls Funk tapent dans leurs mains ; les Trolls Classiques chantent avec leurs puissantes voix d'opéra ; les Trolls Rockeurs marquent le rythme avec leurs bracelets cloutés.

– Laisse-moi t'entendre chanter ! dit Poppy.

– Chanter ! reprennent les autres en chœur.

Même Barb prend une guitare électrique et se met à jouer !

Une vague arc-en-ciel se répand dans la foule, redonnant à tous les Trolls leurs couleurs d'origine.

Sans cesser de jouer, Barb traverse la scène pour rejoindre Poppy, et toutes deux chantent en duo. À la fin du morceau, Poppy et Barb sont entourées de leurs amis et des chefs de tous les royaumes Trolls. Tout le monde applaudit ! Poppy se tourne vers Branche en disant :

– J'aime que nous soyons si différents.

– Et moi… Je t'aime, Poppy ! avoue-t-il enfin.

– Je t'aime aussi, Branche, répond Poppy en souriant.

L'Histoire Troll

Tous ensemble, les Trolls Pop reconstruisent leur village en un rien de temps, encore plus coloré et joyeux qu'avant !

Par une belle journée radieuse, Poppy s'assoit au milieu d'un cercle de petits Trolls – des membres des six tribus – pour leur montrer un nouvel album qu'elle a créé. Il raconte l'histoire des Trolls, la véritable histoire qu'elle a apprise au cours de son aventure.

– Au début, nous étions divisés. Nos ancêtres pensaient que nous étions trop différents pour nous entendre... Eh bien il s'est avéré qu'ils avaient tort ! Vous devez être capables d'écouter les autres, même quand ils ne sont pas d'accord avec vous, leur explique Poppy. Nos différences ne sont pas une menace, mais une richesse.

Elle tourne la page. On voit toutes les sortes de Trolls – Funk, Classique, Techno, Pop, Country et Rockeur – tout sourire, au milieu des fleurs.

– Nos différences nous rendent plus forts, poursuit Poppy. Plus créatifs. Plus inspirés. Vivre en harmonie, c'est vivre avec les autres ! conclut-elle en fermant le carnet.

Branche s'approche d'elle et elle lui prend la main. Et les Trolls venus des quatre coins du monde font la fête toute la nuit, et le lendemain, et même toute de la semaine !

En fait, depuis ce jour-là, leur musique ne s'est jamais arrêtée...

FIN

TABLE

hachette s'engage pour l'environnement en réduisant l'empreinte carbone de ses livres. Celle de cet exemplaire est de :
400 g éq. CO_2
Rendez-vous sur
www.hachette-durable.fr

PAPIER À BASE DE FIBRES CERTIFIÉES

Photogravure Nord Compo - Villeneuve-d'Ascq

Imprimé en France par Pollina - 92741
Dépôt légal : mars 2020
Achevé d'imprimer : février 2020
17.1667.5/01 – ISBN 978-2-01-712073-5
Loi n° 49956 du 16 juillet 1949
sur les publications destinées à la jeunesse